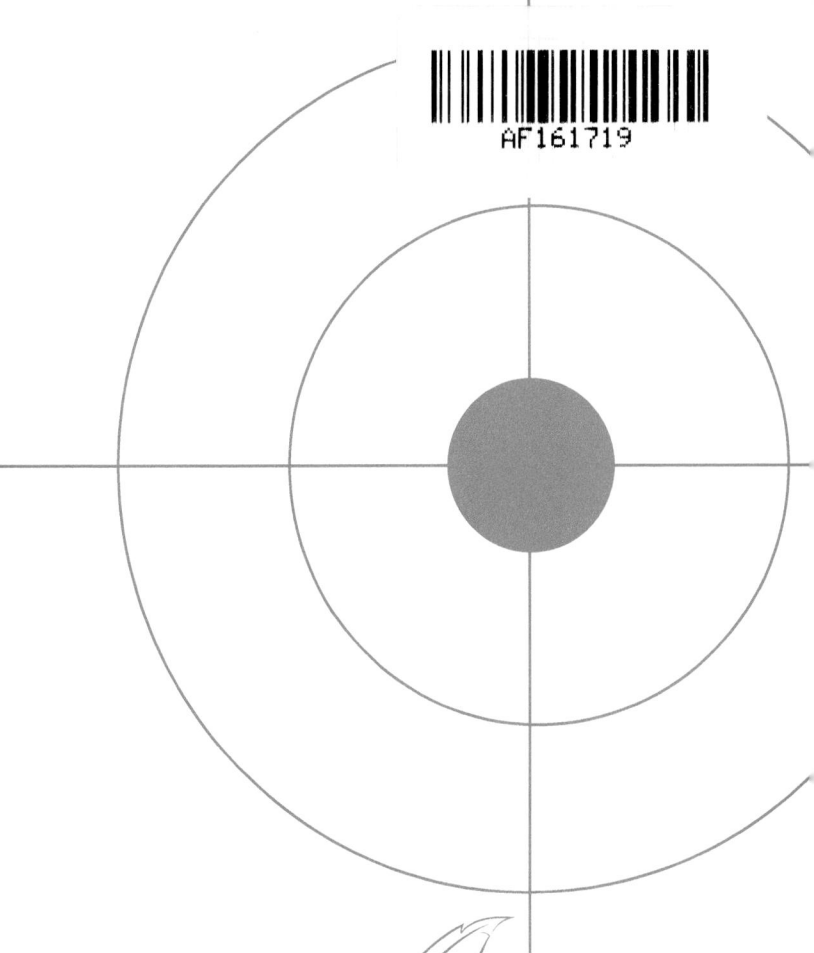

Ernst Ferstl

punktgenau

Aphorismen

Herstellung und Verlag:
    BoD - Books on Demand
    Norderstedt
    ISBN 978-3-7347-4962-9

Copyright Aphorismen:
    Ernst Ferstl
    www.gedanken.at

Cover & Satz:
    Monika Schweitzer
    www.grafikdesignbykiss.com

Wer Energie sparen möchte,
sollte nicht bei der menschlichen
Wärme anfangen.

Das Herzstück der Zufriedenheit
ist die Dankbarkeit.

Was für die einen in der Luft liegt,
ist für andere völlig aus der Luft
gegriffen.

Springt jemand für uns
über seinen Schatten,
sehen wir ihn
in einem anderen Licht.

Wer einen Menschen anhimmelt,
darf sich nicht wundern, irgendwann
aus allen Wolken zu fallen.

Immer mehr betrachten
die Stille als einen Störfall,
der möglichst schnell behoben
werden muss.

Wer sich zu sehr anpasst, verpasst
viele Überraschungsmomente.

Dass die Oberflächlichkeit bei vielen
Menschen die Oberhand gewinnt,
hat eindeutig tiefere Gründe.

Den Preis für vieles,
was wir freiwillig in Kauf nehmen,
erfahren wir oft viel zu spät.

Für ein richtig gutes Fingerspitzengefühl
gibt es eine einfache Faustregel:
Herz und Hirn einschalten.

Wer aus seinen Fehlern
nichts lernt,
muss oft nachsitzen.

Gelassenheit heißt auch,
nicht dauernd auf dem Laufenden
sein zu müssen.

Mit dem Loslassen sollte man
spätestens rechtzeitig anfangen.

Es gibt Enttäuschungen,
die für die Bildung einer
guten Menschenkenntnis
unentbehrlich sind.

Die besten Vordenker
sind eigentlich Querdenker.

Manchmal gewinnt man erst,
wenn man sich geschlagen gibt.

Die Heimat jeder Oase
liegt in der Wüste.

Das Beste an manchen Zielen
ist der Weg dorthin.

Wenn einem der Geduldsfaden reißt,
hat man wenigstens
gleich zwei Stück zum Üben.

Nimmt man manche Mitmenschen
beim Wort, verstehen sie einen
auf einmal nicht mehr.

Ausgeglichene Menschen
können sich zur richtigen Zeit
gehen lassen oder zusammennehmen.

Es gibt Träume,
die sich nur im Schlaf
verwirklichen lassen.

Besserwisser wissen die Antworten
schon vor den Fragen.

Bei manchen Leuten ist alles,
was über ihren Horizont geht,
unten durch.

Wer Gefühle zulässt,
spürt das Leben.

Liebt man etwas von Herzen,
bekommt man nie genug davon.

Wer zart besaitet ist,
will gar nicht
auf die große Pauke hauen.

Bevor man einem Menschen
blind vertraut,
sollte man des Öfteren
genau hinschauen.

Wer sich selbst nicht aushält,
kann anderen keinen Halt geben.

Immer alles im Griff zu haben,
macht das Leben möglicherweise sicherer,
aber sicher nicht glücklicher.

Vergeben
ist ein doppelt
wertvolles Geschenk.

Menschen,
die uns ans Herz wachsen,
werden zu einem Teil von uns.

Wer genießen will,
muss warten können.

Sind die Erwartungen zu hoch gesteckt,
warten tiefe Enttäuschungen bereits
auf ihre große Chance.

Was wir ganz schnell
vergessen wollen,
merken wir uns länger.

Angebot und Nachfrage:
Unbestechlichkeit wird immer
schlechter bezahlt.

Vorurteile rechnen
von vornherein damit,
dass sich durch sie
Vorteile ergeben.

Manchmal sind wir gerade
so gut in Schuss,
dass wir gleich weit
übers Ziel hinausschießen.

Was wir uns zutrauen,
macht unser Leben reicher.

Wer glücklich sein will,
muss sich Zeit dafür nehmen.

Das Glück betreibt
keine Vorratshaltung.

Auch für eine Rechnung,
die nicht aufgeht,
lässt die Quittung
nicht lange auf sich warten.

Ohne die Schwerkraft der Realität
würden unsere Träume
viel zu leicht abheben.

Mittelmäßige Menschen
sind in punkto Anpassung
zu Höchstleistungen fähig.

In punkto Sinn für Humor
scheitern leider bereits viele
an der Fünf-Prozent-Hürde.

Dummköpfe denken
artgerecht.

Der glückliche Zufall ist ein
hervorragender Weichensteller.

Das wird langsam problematisch:
Die Menschheit vermehrt sich
viel schneller als die Menschlichkeit.

Es gibt keinen Erfolg
ohne Selbstbehalt.

In unserer Gesellschaft nimmt
die Ellbogenmentalität überhand.

Wenn eine Frage im Raum steht,
könnte unsere Antwort auch so lauten:
Komm, setz dich,
wir sollten miteinander reden.

Ein kleiner Trost:
Es sind nicht alle Menschen
so wie die meisten.

Der glückliche Zufall
vergisst auffallend oft
auf die Ungeduldigen.

Es gibt Schwächen,
die machen einen bei den
anderen sehr beliebt.

In jedem Traum
steckt eine Botschaft für uns.

Selber denken macht
selbstbewusster.

Ein Verzicht
muss noch kein Verlust sein.

Wenn es uns an nichts fehlt,
fehlt uns mit der Zeit etwas.

In der Stille kann
das Unsagbare
hörbar werden.

Manchmal ist es
gar nicht so einfach,
ein Vorhaben einfach sein zu lassen.

Das Aufgeben ist oft
eine riesengroße Aufgabe.

Ist das Schweigen vielsagend,
kann man sich viele Worte sparen.

Rechnet man mit seinen
Enttäuschungen ab, merkt man,
dass man mit weniger gerechnet hat.

Der Aberglaube
kann sogar dort Berge versetzen,
wo gar keine sind.

Die Wertschätzung durch andere
ist für unser Selbstbewusstsein
viel wert.

Will man vordenken,
muss man zuerst nachdenken.

Berechnende Menschen
opfern sich nicht umsonst.

Eine der wichtigsten Quellen
der Lebensfreude
ist die Dankbarkeit.

Gelassenheit hilft auch,
entspannter in die
Zukunft zu schauen.

Die nichts zu lachen haben,
haben den Humor bitter nötig.

Selbstgespräche
sind auch deswegen wichtig,
weil sich dabei die innere Stimme
Gehör verschaffen kann.

Wer längere Zeit kopflos handelt,
verliert sehr schnell sein Gesicht.

Man braucht sehr viel Übung,
um aus seinen Fehlern
das Beste machen zu können.

Eine schwerwiegende Entscheidung
auf die leichte Schulter zu nehmen,
kann ein entscheidender,
schwerer Fehler sein.

Glück ist, wenn das Leben
mit Liebe angereichert ist.

Die uns sagen, dass sie es gut mit
uns meinen, meinen das oft ganz anders.

Wer die Nase immer vorn haben will,
sieht nie, was sich hinter ihm abspielt.

In leeren Köpfen kann die Dummheit
aus dem Vollen schöpfen.

Grundsatz:
Wer uns unsere Zeit stehlen will,
kann uns getrost gestohlen bleiben.

Gefühlvolle Menschen
gehen meistens leer aus, wenn sie sich
auf gefühlskalte Menschen einlassen.

Die Vergangenheit ist nicht mehr
als Humus für die Zukunft.

Manche Worte anderer
machen uns sprachlos.

Wer mit seinen Vorhaben
oft genug baden geht,
ist mit der Zeit
mit allen Wassern gewaschen.

Nähe sehnt sich
nach Berührungspunkten.

Wer alle in den Schatten stellen will,
hat keine Zeit mehr,
die Sonne zu genießen.

Nachts
sind die Träume heller.

Rundum glücklich
sind wir erst,
wenn wir dafür dankbar sind.

Für manche Dummheiten
sind gescheite Menschen
besser geeignet.

Manchmal geben wir unser Bestes
und bekommen so gut wie
gar nichts zurück.

Umwege erweitern unseren Horizont
und manchmal werden sie sogar
zu Lehrpfaden für uns.

Kleinkariertes Denken
ist kein Zeichen von Größe.

Freundlichkeit
ist die wichtigste Brücke
zu erfreulichen Begegnungen.

Denen, die Wasser predigen
und Wein trinken,
sollte man möglichst schnell
das Wasser abgraben.

Schade, dass man aus Dummheit
kein Benzin gewinnen kann,
die Treibstoffpreise wären im Keller.

Ohne lange zu schauen,
was die anderen machen,
würden wir manches
besser machen.

Wer sich gut kennt, tut gut daran,
nicht alles über sich zu erzählen.

Manche Menschen
vergessen ihre eigene Meinung
von einem Tag auf den anderen.

In Halbwahrheiten
finden Lügen
ideale Versteckmöglichkeiten vor.

Manche Leute sind,
was die Wahrnehmung
der Fehler anderer betrifft,
eindeutig überqualifiziert.

Die meisten Menschen
wollen gar nichts von uns,
außer es ist geschenkt.

Wer zu lange überlegt,
unterliegt.

Beim Humor mancher Leute
vergeht einem das Lachen
sehr schnell.

Man kann sich viel Arbeit ersparen,
wenn man rechtzeitig aufhört.

Ein Vorurteil ist meistens
nur ein Vorwand.

Im Glück kann man sich
finden und verlieren.

Wer nicht in sich geht,
dem entgehen
wichtige Einsichten.

Glück ist auch,
wenn wir Wohllust verspüren.

Was uns einleuchtet,
glauben wir ohne Bedenken.

Manchmal tut es sehr gut,
sich gezielt auf Umwegen
herumzutreiben.

Gefühle geben uns oft viel mehr
zu denken als wir denken.

Die Schatten mancher Entwicklungen
sehen wir erst, wenn uns
ein Licht aufgegangen ist.

Die Stille ist ein Wegweiser,
auf dem nichts steht.

Kompliziertes Denken macht
sogar das Selbstverständliche
unverständlich.

Das Einfühlungsvermögen
mancher Leute
reicht nur für ein Armutszeugnis.

Jedes tiefe Gefühl
hat eine lange Blütezeit.

Was wir absichtlich nicht tun,
zählt manchmal doppelt.

Mit einer gesunden Portion Gelassenheit
lebt man bedeutend ruhiger.

Das gute Gewissen mancher Leute
ist ein schlechtes Zeichen.

Das Selbstverständliche
wird immer viel zu wenig
wichtig genommen.

Gegensätze können sich berühren,
aber sie können nicht
Hand in Hand gehen.

Gutgläubig zu sein ist heutzutage
bereits ein Risikofaktor.

Vorurteile
machen uns etwas vor.

Auf der Verliererstraße
gibt es wenigstens
kein Überholverbot!

Will man seine Unzufriedenheit
in den Griff bekommen,
hat man alle Hände voll zu tun.

Wir sitzen alle in einem Boot,
und doch glaubt man manchmal,
auf dem falschen Dampfer zu sein.

Die Suche nach dem Sinn des Lebens
wird erfolgreicher, wenn wir
Gefallen daran finden.

Wenn man schon nicht weiß,
was man will, sollte man wenigstens
wissen, was man nicht will.

Vielgefragte Menschen
misst man an ihren Antworten.

Bei der Summe
des im Leben Versäumten
verrechnet man sich leicht.

Schwarze Schafe
haben kein Problem damit,
angeschwärzt zu werden.

Schwere Bedenken
sollte man nie
auf die leichte Schulter nehmen.

Ständig übers Ziel zu schießen,
das ist irgendwie auch daneben.

Menschen, die einem im Weg stehen
und mit denen man nicht umgehen kann,
muss man umgehen.

Zufriedenheit allein
macht noch nicht glücklich.

Eine lebenslange Lernaufgabe
für jeden Menschen:
Menschlichkeit üben.

Nicht alles,
was wir wahrnehmen,
wollen wir auch wahrhaben.

Wer das Sagen hat,
braucht nicht viel zu reden.

Wer ordentlich auf die Pauke
hauen will, muss wissen,
wo der Hammer hängt.

Glücklichen Menschen
gelingt es leichter,
über den eigenen Schatten
zu springen.

Wer sein Glück mit uns teilt,
schenkt uns seine Anerkennung.

Soll aus uns etwas werden,
muss in uns etwas wachsen.

Mit Menschen, die sich selbst
nicht aushalten, tut man sich
doppelt schwer.

Glück ist,
die Kostbarkeit schöner Augenblicke
genießen zu können.

Glücklich zu sein
stärkt unsere Stärken.

Das Leben ist ein Spiel:
Manchmal sind wir Spieler,
manchmal Spielzeug.

Wer sich etwas vormacht,
hat noch einen längeren Weg vor sich.

Wenn man eine eigene Meinung hat,
sollte man nicht vergessen,
sie gelegentlich zu vertreten.

Es sollte uns zu denken geben, dass
immer mehr nur noch an sich denken.

Eine positive Lebenseinstellung
erhöht die Chancen,
vom Glück überrascht zu werden.

Einsichten
haben oft Verspätung.

Wir sprechen
nicht gerne über das,
was uns sprachlos macht.

Was uns einleuchtet,
liegt für manch andere
völlig im Dunkeln.

Glückliche Stunden
sind besondere Feiertage
im Kalender des Lebens.

Was man nicht verkraften kann,
kann lange Zeit viel Kraft kosten.

Die uns in Sicherheit wiegen,
sind oft dieselben, die uns
verschaukeln wollen.

Eine Halbwahrheit
ist die Vorstufe
zu einem Vorurteil.

Bei sensiblen Menschen
sind die leisen Töne
tonangebend.

Wer in erster Linie
die Erwartungen anderer erfüllen will,
darf sich nicht erwarten,
ein erfülltes Leben führen zu können.

Wenn Schönheit
nur etwas fürs Auge ist,
geht das irgendwann ins Auge.

Wem es nur darum geht,
andere zu übertreffen,
schießt oft übers Ziel.

Die Großzügigkeit
kleinkarierter Menschen
hält sich in Grenzen.

Eine liebgewordene Gewohnheit
sollte nicht die einzige große Liebe
im Leben sein.

Wer gegen den Strom schwimmen will,
läuft Gefahr, umgehend in die Wüste
geschickt zu werden.

Manche Leute versteht man erst,
wenn man sie
aus ihrer Vogelperspektive
betrachtet.

Hat man die Schnauze gestrichen voll,
fällt es verdammt schwer,
den Mund zu halten.

Ordnung ist das halbe Leben,
der Rest ist halbwegs okay.

Man kann sich den Appetit aufs Leben
auch verderben, indem man alle Suppen
auslöffelt, die einem von anderen
eingebrockt wurden.

Der Wunsch, von vielen geliebt
zu werden, sollte uns nicht dazu
verführen, allen gefallen zu wollen.

Die meisten reagieren
total verschnupft,
wenn man zu erkennen gibt,
dass man von ihnen
die Nase voll hat.

Das Glück hat zwei Seiten:
eine schöne und eine noch schönere.

Selbstlosigkeit ist leider
oft ein Verlustgeschäft.

Für eine verständliche Beschreibung
starker Gefühle
reicht unser Verstand oft nicht aus.

Was uns im Leben glückt,
lässt uns aufleben.

Wenn wir
über uns hinauswachsen,
können wir zeigen,
was in uns steckt.

Wer seinen eigenen Weg gehen will,
muss sich eigene Gedanken machen.

Scheinheilige halten
ihren Heiligenschein
anscheinend für etwas Heiliges.

Es gibt Gefühle,
die können das Denken
verändern.

Kurzsichtiges Denken
hat langfristige Folgen.

Ist Heimzahlen
humaner
als Zurückschlagen?

Im Glück
denken wir anders übers Leben
als im Unglück.

Hintergedanken und Vorurteile
stecken oft
unter einer Decke.

Wer kleinkariert denkt,
handelt auch so.

Ärgere dich nicht mehr
als dir gut tut!

Manche Leute sind,
was ihr Denkvermögen betrifft,
wirklich arm dran.

Wer alles von sich preisgibt,
verkauft sich
unter seinem Wert.

Nahe stehen können uns viele,
am Herzen liegen nur wenige.

Gleichgültigkeit
ist ein Energiesparprogramm
auf Kosten der Menschlichkeit.

Zieht man den Kopf rechtzeitig ein,
verliert man ihn weniger oft.

Die uns nahestehen
helfen uns,
dem Lebensglück
näher zu kommen.

Kommt die Wahrheit ans Licht,
wird es manchmal
ziemlich finster.

Die Kunst der Zufriedenheit
ist auch
die Kunst der Dankbarkeit.

Zuversicht verbessert
die Thermik für Höhenflüge.

Glück ist,
wenn es das Leben
besonders gut mit uns meint.

In der Schule des Lebens
ist jede Enttäuschung
eine wichtige Lektion.

Mit jenen, die ein Brett
vor dem Kopf haben,
kommt man nur sehr schwer
auf einen grünen Zweig.

Für Negativdenker
ist das Schlechte das Gute.

Erfahrungsgemäß haben wir
für unsere schlechten Erfahrungen
ein verdammt gutes Gedächtnis.

Die Liebenswürdigkeit
eines Menschen wohnt im Herzen.

Wer überzeugen will,
muss begeistern können.

Sich wichtig nehmen
ist wichtiger,
als sich wichtig geben.

Dankbaren Menschen
steht die Tür zum Glück
immer offen.

Geschenke, die man sich erwartet,
lassen mitunter lange auf sich warten.

Wozu lügen, wenn
man sowieso immer
passende Ausreden parat hat?

Man liebt nicht, um es im Leben
leichter und einfacher zu haben.

Manche Menschen denken
sehr sehr leise,
damit sie ja nicht
ihr Gewissen wecken.

In einem Selbstgespräch
sollte das Schweigen
nicht zu kurz kommen.

Der glückliche Zufall
hat keine Wahl.

Optimismus verlangt
ein gewisses Maß an Verrücktheit.

Die Stille:
Sprechzimmer fürs Schweigen.

Selbstbewusstsein ist ein Rezept,
das man sich selbst
verschreiben muss.

Für billige Ausreden
bezahlt man meistens erst später.

Der kleine Unterschied:
Die Klugheit klopft ans Fenster,
die Dummheit fällt
mit der Tür ins Haus.

Das Leben ist lang genug,
um immer wieder kurz
glücklich zu sein.

Nur große Begeisterung
verleiht große Flügel.

Die Reserven der Dummheit
sind unerschöpflich.

Die Zeiten, in denen wir
die Zeit vergessen,
bleiben uns unvergesslich.

Das Gewissen mancher Leute
würde unbedingt ein Hörgerät
brauchen.

Wer sich zu viel anpasst,
passt mit der Zeit nicht mehr
in die eigene Haut.

Scheinheilige müssen sich anscheinend
selbst heilig sprechen.

Wer seine Selbstachtung begräbt,
legt sich am besten gleich dazu.

Engstirnigkeit
hat eine enorme Bandbreite.

Das Wesentliche zeichnet sich
durch seine Einfachheit aus.

Der beliebteste Platz
für den Bau von Luftschlössern
liegt neben den Holzwegen.

Das Glück
hat keine bestimmte Farbe.
Es ist eine bunte Mischung.

Für fröhliche Herzen
macht das Glück gerne Überstunden.

Wer nichts zu sagen hat,
redet am liebsten über andere.

Komisch:
Ausgekochte Zeitgenossen
benehmen sich oft ziemlich roh.

Was wir finden,
ohne es gesucht zu haben,
bleibt uns meistens länger erhalten.

Das Glück will man nicht -
und das Unglück kann man
nicht umtauschen.

Manche Leute
sagen uns immer viel mehr,
als wir eigentlich hören wollen.

Es ist verdammt schwer,
unguten Menschen
den Rücken zuzukehren,
wenn man von ihnen umzingelt ist.

Im Nachhinein war alles
voraussehbar.

Der Baum der Liebe
muss im Leben verwurzelt sein,
damit er Früchte tragen kann.

Auch das kleine Glück
verdient große Dankbarkeit.

Menschliche Schwächen
erträgt man leichter,
wenn man sich mit ihnen
anfreundet.

Wer mehr aus sich selbst machen will,
sollte weniger auf das schauen,
was die anderen machen.

Liebenden liegt
das Glück des anderen
genauso am Herzen
wie das eigene.

Wer immer auf den Boden
des Alltäglichen bleiben will,
wird nie Höhenflüge erleben.

Auch das kleine Glück
kann viel Freude in uns wecken.

Das Glück eines erfüllten Lebens
ist ein wertvoller Schatz.

Wo wir glücklich sind –
dort ist die Welt
wirklich noch in Ordnung.

Manchmal ist ein großer Fehler
ein wichtiger Wegbereiter
zu einem großen Erfolg.

Die Lernfähigkeit der Dummheit
wird sträflich unterschätzt.

Liebgewonnene Gewohnheiten
schränken unsere Wahlfreiheit
enorm ein.

Das Wertvollste, was
Menschen zu verschenken haben,
ist ein Platz im Herzen.

Wer sich zu oft gehen lässt,
verläuft sich des Öfteren.

Unglücklicherweise wissen
viele Menschen nicht,
dass man für ein glückliches Leben
gar nicht so viel braucht.

Von Zeit zu Zeit sollten wir
es schon noch schaffen,
uns selbst zu überraschen.

Dem Glück entgegenzugehen
ist immer zielführend.

Die Pfeile, die wir
auf andere abschießen,
erweisen sich oft genug
als Bumerang.

Wenn man genau hinschaut,
sieht man, dass so manche,
die auf dem hohen Ross sitzen,
eigentlich Eseln sind.

Manche Menschen besitzen so viel,
dass sie nichts mehr
zu verschenken haben.

Unter Dummköpfen gelten
Gescheite als Spinner.

Weil wir im Leben oft das Gefühl haben,
dass uns nichts geschenkt wird,
haben wir unweigerlich Probleme damit,
wenn uns jemand sein Vertrauen
schenken will.

Wer sich gut kennt, kann sich
schwerer etwas vormachen.

Das höchste Glück ist lieben
und geliebt zu werden.

Eine Sicherheit, dass uns
alles im Leben glückt,
gibt es mit Sicherheit nicht.

Es hängt viel mehr zusammen,
als zusammen gehört.

Wenn man das kleinere Übel wählt,
wird dann das größere Übel kleiner?

Die Ausreden mancher Menschen
sind so gut, dass man sie bereits als
„nicht schlecht" bezeichnen kann.

Glück schenkt unter anderem
auch Zuversicht.

Manche Menschen wollen immer
Recht bekommen, egal, ob sie
Recht haben oder nicht.

Viele gehen mit ihren Gedanken
wesentlich sparsamer um
als mit ihren Worten.

Über gute Menschen kann man
am leichtesten schlecht reden.

In sich zu gehen,
ist für viele eine riesengroße
Herausforderung.

Die nichts von uns wollen,
können alles von uns haben.

Was wir leichtnehmen,
kann uns leichter genommen
werden.

Auch beim Lernen aus Fehlern
werden viele Fehler gemacht.

Man kann in einer Traumwelt leben,
aber schöner ist es, wenn das Leben
traumhaft schön ist.

Verdrängte Gefühle
stellen sich manchmal
nur tot.

Das Unglück ist ungerechter
verteilt als das Glück.

Sind Lügen ehrlicher
als Halbwahrheiten?

Dafür, dass sie nicht die leiseste Ahnung
haben, reden manche viel zu laut.

Wer besser werden will,
tut gut daran, immer wieder
einmal sein Bestes zu geben.

Man muss einander gar nicht
nahestehen, um einander
in den Haaren zu liegen.

Manchmal kommt einiges zusammen,
über das man gar nicht nachdenken will.

Das Unglück ist uns
keine Erklärung schuldig.

Es ist immer wieder das gleiche:
Jeder Mensch will etwas anderes.

Wer sich keine
eigene Meinung bilden kann,
kann sich ja eine einbilden.

Der Weg zum Aberglauben
ist wesentlich kürzer
als wir glauben.

Das Leben meint es gut mit uns:
Es lässt immer etwas zu
wünschen übrig.

Wir wissen viel zu viel von dem,
was wir eigentlich
gar nicht wissen wollen.

Die Quelle der Gier liegt im Mehr.

Auch wer in sich ruht,
sollte gelegentlich
aus sich herausgehen.

Wo zu viel unter den Teppich
gekehrt wird, ist es besser,
sich aus dem Staub zu machen.

Eine Ellbogengesellschaft
kennt kein Fingerspitzengefühl.

Wertschätzung
verzichtet auf eine Bewertung.

Wenn man weiß,
wo der Hund begraben liegt,
kann man die Katze
ja aus dem Sack lassen.

Der innere Schweinehund
arbeitet hart daran,
das Gewissen arbeitslos zu machen.

Ein Gewinner braucht die Verlierer
viel notwendiger als umgekehrt.

Unsere Gefühle sorgen dafür,
dass unser Verstand
etwas zum Kopfzerbrechen hat.

Bei extrem aufdringlichen Zeitgenossen
zahlt es sich auf jeden Fall aus,
sofort Fersengeld zu geben.

Anpassung
heiligt das Mittelmaß.

Den Himmel auf Erden
schafft man nicht,
indem man anderen
die Hölle heißmacht.

Was manche Leute von sich geben,
ist zwar leicht zu verstehen,
aber nur sehr schwer zu begreifen.

Eine außergewöhnlich schöne Form
Größe zu zeigen ist, über sich
hinauszuwachsen.

Wenn die Wunschkraft nachlässt,
nimmt die Schwerkraft
des Alltäglichen zu.

Bei manchen Menschen
durchschaut man sehr schnell,
dass es ihnen ungeheuer wichtig ist,
angesehen zu sein.

Neugier ist eine offene Tür
zu neuen Erfahrungen.

Wer keine Zeit hat,
hat auch keine Zeit
zum Glücklich-Sein.

Der Weg des Nachdenkens
führt über kurz oder lang
zum Vordenken.

Sollen sich die Gefühle
füreinander entwickeln,
brauchen sie Berührungspunkte.

Die Zeit anhalten,
das können nur
ganz besondere Augenblicke.

Zum Wertvollsten
in unserem Leben
gehört die freie Zeit.

Ist uns die Vergänglichkeit der
Schönheit bewusst, genießen wir die
Schönheit der Augenblicke bewusster.

Die Vorurteile der Experten
halten länger.

Manche Menschen sind so
entgegenkommend, dass man
am liebsten einen großen Bogen um
sie machen möchte.

Man braucht ein gutes Gespür
dafür, wem man seine Gefühle
offen zeigen kann.

In Luftschlössern
sollte man sich nie zu weit
aus dem Fenster lehnen.

Fehlende Zuversicht
macht vorsichtig.

Was uns nicht in den Kopf gehen will,
löst meistens eine Gedankenflut aus.

Die Wüste der Unmenschlichkeit
wächst und wächst. Immer mehr
stecken ihren Kopf in den Sand.

Bei gewissen Leuten
ist es durchaus Ziel führend,
ihnen aus dem Weg zu gehen.

Sicherheit hat ihre Grenzen
und ihren Preis.

In einer guten Beziehung
ist der gemeinsame Weg
das Ziel.

Was die Stimme des Gewissens betrifft,
gibt es leider viel zu viele Schwerhörige.

Die Anziehungskraft des Bösen
bewirkt nichts Gutes.

Wenn es uns gut geht,
fällt es uns leichter,
anderen etwas Gutes zu tun.

Das Brett vor dem Kopf
ist meistens
aus Holzwegholz.

Wer weiß, wo es langgeht,
kommt nur selten zu kurz.

Zuneigung
wertet einen Menschen auf.

Das Leben kann man nicht
auf einen Schlag meistern,
sondern nur Tag für Tag.

Dummheit
ist oft nichts anderes
als Gedankenlosigkeit.

Auf alle und alles
angefressen zu sein,
ist auch eine Art von Hunger.

Vorurteile sind
gedankliche Kurzschlüsse
mit langen Seilschaften.

Zuwendung ist ein persönliches
Geschenk, für das man sehr
dankbar sein sollte.

Wenn das halbe Leben Ordnung ist
und die zweite Hälfte Unterordnung,
ist das dann das ganze Leben
in Ordnung?

Gleichgültigkeit
vergiftet die Toleranz.

„Ich werde dir schon helfen!" –
das kann durchaus auch
eine gefährliche Drohung sein.

Je näher wir einander stehen,
desto besseren Halt
können wir uns geben.

Wer übertrieben vorsichtig ist,
hat beim Abenteuer Leben
oft das Nachsehen.

Die Grundsätze radikaler
Fundamentalisten
sind eigentlich Sprengsätze.

Man kann sich
auch durch Leichtsinnigkeiten
das Leben schwer machen.

Ob wir es wahrhaben wollen
oder nicht:
Jeder von uns braucht in
seinem Leben Entwicklungshilfe.

Manchmal wird man etwas,
das man nicht gesagt hat,
lange Zeit nicht los.

Wer es allen rechtmachen will,
muss viele Menschen meiden.

Die uns misstrauen,
trauen uns alles zu.

Unzufriedene Menschen
sind nachtragender.

Wer sich zur richtigen
Zeit gehen lässt,
macht Fortschritte –
wer sich zur falschen
Zeit gehen lässt,
Rückschritte.

Die ausgleichende Gerechtigkeit
hat oft Verspätung.

Wer weit kommen will,
muss gelegentlich ausweichen.

Machen,
was uns stärkt,
das macht uns stark.

Wer sich treu bleibt,
kann sich prächtig entwickeln.

Die unserer Meinung nach
nicht richtig ticken,
gehen einem logischerweise
mächtig auf den Wecker.

Menschen, die immer auf alles
eine Antwort haben, sollte man
des Öfteren in Frage stellen.

Umwege
machen zielsicherer.

Wer immer alles in Ordnung findet,
hat sein Urteilsvermögen verloren.

Einerseits sind Höhenflüge
unvergesslich,
andererseits vergisst uns
die Schwerkraft nie.

Die weiße Weste
ist die Uniform
der schwarzen Schafe.

Die nicht mit sich reden lassen,
ersparen uns das Zuhören.

Manchmal muss man sich mit dem,
was man gesucht und gefunden hat,
dann irgendwie abfinden.

Was nützt ein Himmel voller
Geigen, wenn jeder nur auf
die Pauke hauen will?

Wenn man in sich geht –
ist man dann dort
vor sich selbst sicher?

Mit dem Abrechnen
sollte man spätestens
rechtzeitig anfangen.

Wichtige Richtigstellung:
Man kann gar nicht alles
falsch machen!

Jeder glückliche Zufall
ist ein erfreulicher Überfall.

Die Kreativität ist allergisch
auf Schnäppchenjäger.

Dass im Wein die Wahrheit liegt,
ist ein Schwindel.
Die Wahrheit ist:
Im Wein liegt Schwindel.

Seltenes wird mehr geschätzt.
Das gilt auch für das Glück.

Auch wer glaubt,
immer mit der Zeit zu gehen,
unterliegt irgendwann
dem Lauf der Zeit.

Die Kreativität
braucht Freiräume
und viel freie Zeit,
um sich entfalten zu können.

Gelassenheit hilft
Kräfte sparen.

Das Loslassen-Können verlangt
gelegentlich wenig Kraft,
aber viel Mut.

Überzeugte Menschen tun sich
oft wahnsinnig schwer,
Maß zu halten.

Die größtmögliche Anerkennung
für bestmögliche Anpassung
ist die Mittelmäßigkeit.

Wenn das Gerede zu weit geht,
ist es besser,
kurz angebunden zu sein.

Zuneigung
ist ein Entgegen-Kommen.

Was wollen uns jene,
die etwas anderes tun als sie sagen,
eigentlich damit sagen?

Die Dinge beim Namen
zu nennen ist für manche
nicht ihr Ding.

Das Finden ist schwieriger zu
erlernen als das Suchen.

Es gibt Gedanken,
die man sich gar nicht
weiterdenken getraut.

Doppeltes Pech:
Wenn uns die im Nacken sitzen,
die uns überhaupt nicht liegen.

Wer alle überholen will,
kann auf niemand
Rücksicht nehmen.

Ein Ziel vor Augen zu haben
erleichtert das Weitergehen.

Selbstgespräche sind schwierig,
weil man genau weiß,
mit wem man es zu tun hat.

Manche haben eine so extrem
hohe Meinung von sich, dass
man eine lange Leiter braucht, um
mit ihnen auf Augenhöhe zu kommen.

Komisch: Gerade Menschen
mit verstopften Ohren haben
ihren Mund sehr oft ganz weit offen.

Der gesunde Hausverstand
mancher Leute
ist ein Pflegefall.

Manchmal sind gemischte Gefühle
ein Zeichen, dass man
zu viel denkt.

Beim Einordnen mancher Zeitgenossen
tut man sich überhaupt nicht schwer:
unterste Schublade.

Je mehr uns
unter die Haut geht,
desto mehr haben wir
auf dem Herzen.

Was uns aufhält,
verhilft uns zu Fortschritten,
wenn wir uns davon
nicht aufhalten lassen.

Mit der Halbwahrheit
muss man es
nicht so genau nehmen.

Das Kein-Zeit-Haben
macht uns mit der Zeit fertig.

Wir wissen meistens ganz genau,
was wir wollen,
haben aber oft keine Lust dazu.

Manche Zeitgenossen
erzählen uns so viel von sich,
dass man mit dem Vergessen
gar nicht nachkommt.

Komisch: Auf dem Weg zu sich
wird man immer wieder aufgehalten.

Wer zu viel von sich
an die große Glocke hängt,
darf sich nicht wundern,
schlafende Hunde zu wecken.

Es hat keinen Sinn,
dem treu zu bleiben,
was uns unglücklich macht.

Jede Einsicht
hat ihre Auswirkungen.

Das Ärgern über die Dummheiten
anderer macht weder sie,
noch uns gescheiter.

Das Wichtigste für manche Leute
ist ihre Wichtigkeit.

Manches wird erst wertvoll,
wenn wir eine innere Leere
verspüren.

Alte Vorurteile lassen sich
gut wiederverwerten.

Wenn wir dazuzählen,
was wir nicht wissen wollen,
wissen wir sehr viel.

Wer seine Grenzen kennt,
kennt sich in und auswendig.

Wer Beachtung findet,
gewinnt an Bedeutung.

Genug von allem zu haben,
reicht bei manchen noch nicht
für ein bisschen Zufriedenheit.

Reißt man alle Brücken hinter sich
ab, verbaut man sich damit
den Weg zurück.

Wer anderen in punkto Erfolg
eine Nasenlänge voraus sein will,
braucht einen guten Riecher.

Menschen mit einem gesunden
Hausverstand sind heutzutage
eine langsam verschwindende Mehrheit.

Wer sagen kann,
worauf es ankommt,
kommt mit wenigen Worten aus.

Der Schnee von gestern
ist kein Problem
für die Sonne von morgen.

Unvergesslich schöne Augenblicke
sind Geschenke des Glücks.

Bei manchen Leuten
wird man den Verdacht nicht los,
dass hinter ihren leeren
Versprechungen volle Absicht steckt.

Auf der Verliererstraße
gibt es verdammt viele Schlaglöcher.

Manchmal bekommt man
auf eine freundliche Frage
eine feindliche Antwort.

Das Selbstverständliche
wird maßlos unterschätzt.

Manche Zeitgenossen
wollen überall dabei sein,
aber nirgends mitmachen.

Gier
kennt keine Geduld.

Vorsicht:
Auch unter den gescheiten Menschen
gibt es Dummköpfe.

Zeitdruck geht einem
mit der Zeit
auf den Wecker.

Dass in unserem Leben die
Gewohnheiten den Ton angeben,
daran gewöhnt man sich
viel zu schnell.

Wir sollten Verständnis
dafür aufbringen,
dass jeder Mensch
verstanden werden will.

Wer alles in Frage stellt,
verliert mit der Zeit
den Boden unter den Füßen.

Was man vergöttert,
liebt man des Guten zu viel.

Neugier ist ein guter Schutz
vor Langeweile.

Wenn uns die Gegenwart
nicht schmeckt, vergeht uns
der Appetit auf die Zukunft.

Zuerst bilden uns etwas ein,
und dann bilden wir uns daraus
unsere eigene Meinung.

Es stimmt nicht,
dass früher alles besser war -
aber es stimmt,
dass heutzutage
einiges schlechter ist.

Sich an den kleinen
Kostbarkeiten
des Lebens erfreuen
zu können,
ist ein großes Geschenk.

Wer sich selbst finden will,
muss manchmal
weite Wege gehen.

Mit Gottvertrauen
kann man dem Leben
gelassener begegnen.

Wer sich gedulden kann,
hat weniger Zeitprobleme.

Manchmal ist eine erhoffte Sternstunde
bereits nach einer Schrecksekunde
wieder vorbei.

Die groß angeben,
haben große Angst davor,
klein beigeben zu müssen.

Das schlechte Gewissen
erinnert uns ständig daran,
dass es besser wäre,
ein gutes zu haben.

Wer sich mit dem Nein-Sagen
schwer tut, lässt sich leichter
überreden.

Was uns sprachlos macht,
gibt uns viel zu denken.

Dass unser Geschmack
nicht allen schmeckt,
damit müssen wir leben.

In der Schule des Lebens
ist die Haltungsnote
eine der wichtigsten.

Weiß man weder ein noch aus,
gibt es zwei Auswege:
in sich zu gehen
oder aus sich heraus zu gehen.

Ein erfülltes Leben zu leben
ist ein Ziel, das uns verbindet.
Was uns trennt, sind die Wege dorthin.

Was der innere Schweinhund
mit manchen Leuten aufführt,
das geht auf keine Kuhhaut.

Gedanken mit Tiefgang
sind für eine Massenproduktion
völlig ungeeignet.

Wer aufs Ganze gehen will,
sollte sich nicht mit Halbwahrheiten
zufrieden geben.

Manche Leute wollen immer die erste
Geige spielen, selbst wenn sie bereits
aus dem letzten Loch pfeifen.

Wer vordenkt, ist den anderen
einen Schritt voraus.

Die sich nicht beherrschen können,
haben eine große Vorliebe
für die Selbstbedienung.

Wir sollten uns von Zeit zu Zeit
in die Wüste schicken, damit
wir den Wert unserer Lebensoasen
besser zu schätzen wissen.

Manchmal ist eine
Frage wichtiger
als alle Antworten,
die wir darauf bekommen.

Wenn wir ein Leben leben,
da zu uns passt,
ist Anpassung kein Thema.

Wer in seinem Leben
immer auf Nummer Sicher geht,
versäumt sicher einiges.

Ist ein Ziel zu kurz gesteckt,
bleibt der Weg auf der Strecke.

Manche haben zwar
etwas im Kopf,
aber es hat weder
Hand noch Fuß.

Wer seine Maske fallen lässt,
verliert dabei meistens
auch sein Gesicht.

Wer sich für etwas Besseres hält,
verhält sich meistens auch so.

Vorsicht:
Unsere Hintergedanken
reden oft ein Wörtchen mit.

Das Lieblingswort der Ja-Sager:
Amen.

Auch für das kleine Glück
kann man eine Riesenfreude
empfinden.

Vorsicht:
Es kann leicht sein,
dass gerade jene,
die uns nicht liegen,
am längeren Hebel sitzen.

Worte, die uns treffen,
bleiben hängen.

Wenn es manche Zeitgenossen
zu bunt treiben,
ist schwarzer Humor
ein äußerst wirksames Gegenmittel.

Die Anteilnahme mancher Leute
reicht höchstens für eine Minute.

Der Gipfel des Glücks
ist etwas Wunderbares.
Aber von dort geht es dann
nur noch bergab.

Glauben und Hoffnung
gehen oft Hand in Hand.

Vorurteile gehen der Wahrheit
in einem großen Bogen
aus dem Weg.

Die Wohltaten einer
glücklichen Zeit erkennt
man oft erst im Nachhinein.

Alleswisser
haben keine Ahnung davon,
was sie alles nicht wissen.

Manche Gedanken
kommen erst beim Aussprechen
aus ihrem Versteck.

Wenn alles immer
ausgewogen sein muss,
verliert das Leben an Gewicht.

Menschlichkeit ist eine sehr wichtige
Voraussetzung für Toleranz.

Lieben und geliebt werden heißt
auch berühren und berührt werden.

Wo man immer lächeln muss,
vergeht einem das Lachen.

Wer weniger sucht,
hat mehr Zeit zum Finden.

Unzufriedene Menschen
sind nie in ihrem besten Alter.

Wenn man keinen Weg findet,
wird das Ziel unerreichbar.

Wer wenig Verstand hat,
hat meistens wenig Verständnis
für Andersdenkende.

Die Zufriedenheit
hat einen Hang zur Bequemlichkeit.

Gelegentlich muss man
inneren und äußeren Ballast abwerfen,
um das Leben leichter
meistern zu können.

Manchmal
ist es durchaus vernünftig,
auf sein Herz zu hören.

Die Zukunft ist ein Geschenk,
das wir jeden Tag
neu auspacken dürfen.

Wo Spaß sein muss,
wird das Vergnügen
zur Schwerarbeit.

Dass wir genau das gesucht haben,
merken wir manchmal erst,
wenn wir es gefunden haben.

Wer sich Zeit nimmt für das,
worauf es ankommt,
hat das Lebensglück
auf seiner Seite.

Loslassen können
erleichtert den Aufbruch.

Hat man keine Sorgen,
muss man sich welche machen.

Von der Zukunft aus
wird es immer früher.

Übeltäter
gibt es auch unter jenen,
die nichts tun.

Trifft man zur rechten Zeit
die richtigen Leute,
kann man nicht mehr viel
falsch machen.

Je weniger Rückgrat ein Mensch hat,
desto leichter fällt ihm das Buckeln.

Die Mauern im Kopf
sind oft höher als anderswo.

Wer glaubt, in seinem Leben
immer alles im Griff zu haben,
steckt wahrscheinlich
in einer Zwangsjacke.

Manche Leute haben ein scharfes Auge
auf die Schwächen anderer
und eine Sehschwäche für die eigenen.

ERNST FERSTL

Geb. 1955 in Neunkirchen (Niederösterreich),
lebt mit seiner Familie in Zöbern/Bucklige Welt,
Lehrer an der NMS in Krumbach.
Schreibt Aphorismen, Gedichte und Kurztexte.
www.gedanken.at
ernstferstl@aon.at

Aphorismenbände:

1995: „Kurz und fündig", Va bene-V.
1995: „einfach kompliziert einfach", Va bene-V.
1996: „Unter der Oberfläche", Va bene-V.
1998: „Heutzutage", Freya-V. // 2006, Edition Nove
2000: „Zwischenrufe" , BOD // 2004, Geest V.
2002: „Lebensspuren" , Geest-V. // 2007, Asaro V.
2004: „Durchblicke" , Freya-V.
2005: „Wegweiser" , Asaro-V.
2006: „Bemerkenswert", Asaro-V.
2007: „Denkwürdig" , Asaro-V.
2009: „Gedankenwege", Brockmeyer V.
2011: „Eindrücke", Brockmeyer V.
2012: „Zusätze", Brockmeyer V.
2013: „Zugespitzt", Brockmeyer V.
2014: „Ausgedrückte Eindrücke", BOD